CHAMBERS HARRAP'S

PRIMARY

SPANISH DICTIONARY

CHAMBERS
HARRAP

First Pubished in Great Britain 2005
by Chambers Harrap Publishers Ltd
7 Hopetoun Crescent
Edinburgh EH7 4AY

© Larousse 2005

Concept: Larousse and Sula
Project Manager: Sharon J. Hunter
Editors: Paloma Cabot, Amanda Fumero, Chris Latham, Marc Menahem, Elena Ron
Illustrations: Jean Malye
Typesetting: Chambers Harrap Publishers

ISBN 0550 10292 2

Printed in Singapore

The *Primary Spanish Dictionary* is an essential tool for learning Spanish and has been specially written for children:

❑ it is a fun book that will fully engage a child's natural curiosity;

❑ it offers a thorough and effective method of language learning that will enable children to understand the Spanish immediately without having to rely on the English translation, although that is still provided for use if needed;

❑ it is a text that helps young children to discover intuitively how a bilingual diction-ary works and how to find what they are looking for.

The book is in three parts:

Full-page illustrations packed with vocabulary and dialogues in Spanish

These pages present situations that are familiar to children and allow them to make a direct connection between the picture in the text and the Spanish word associated with it.
The translation of each dialogue is given in the "Bilingual Dictionary" part of the book, at the key word underlined in the scene.

A Spanish-English bilingual dictionary

This alphabetical bilingual dictionary provides translations for all the Spanish words introduced in the full-page illustrations.

A workbook

This workbook, found at the end of the dictionary, is intended to encourage each child to take an active part in learning by writing the answers straight into the book. The activities make it easier to memorize the words and phrases seen in the full-page illustrations and use them again. The increasing level of these words and phrases will stimulate the child's natural desire to learn.

The aim of the *Primary Spanish Dictionary* is to help young children take their first exciting steps in learning Spanish.

The Scenes 6-51

índice

4

¡Hola, niños!

Soy vuestro <u>amigo</u>. Voy a ayudaros a aprender <u>español</u>.

Diccionario/Dictionary

amarillo, amarilla yellow

el **amigo** friend □ soy vuestro amigo I'm your friend

andando → **andar**

andar to walk □ está cerca, a sólo cinco minutos andando it's close, only a five minute walk away

el **animal** animal

el **animal doméstico** pet

Actividades/Activities

The right order

Put the words in the right order

llamo, hola, Elena, me

6

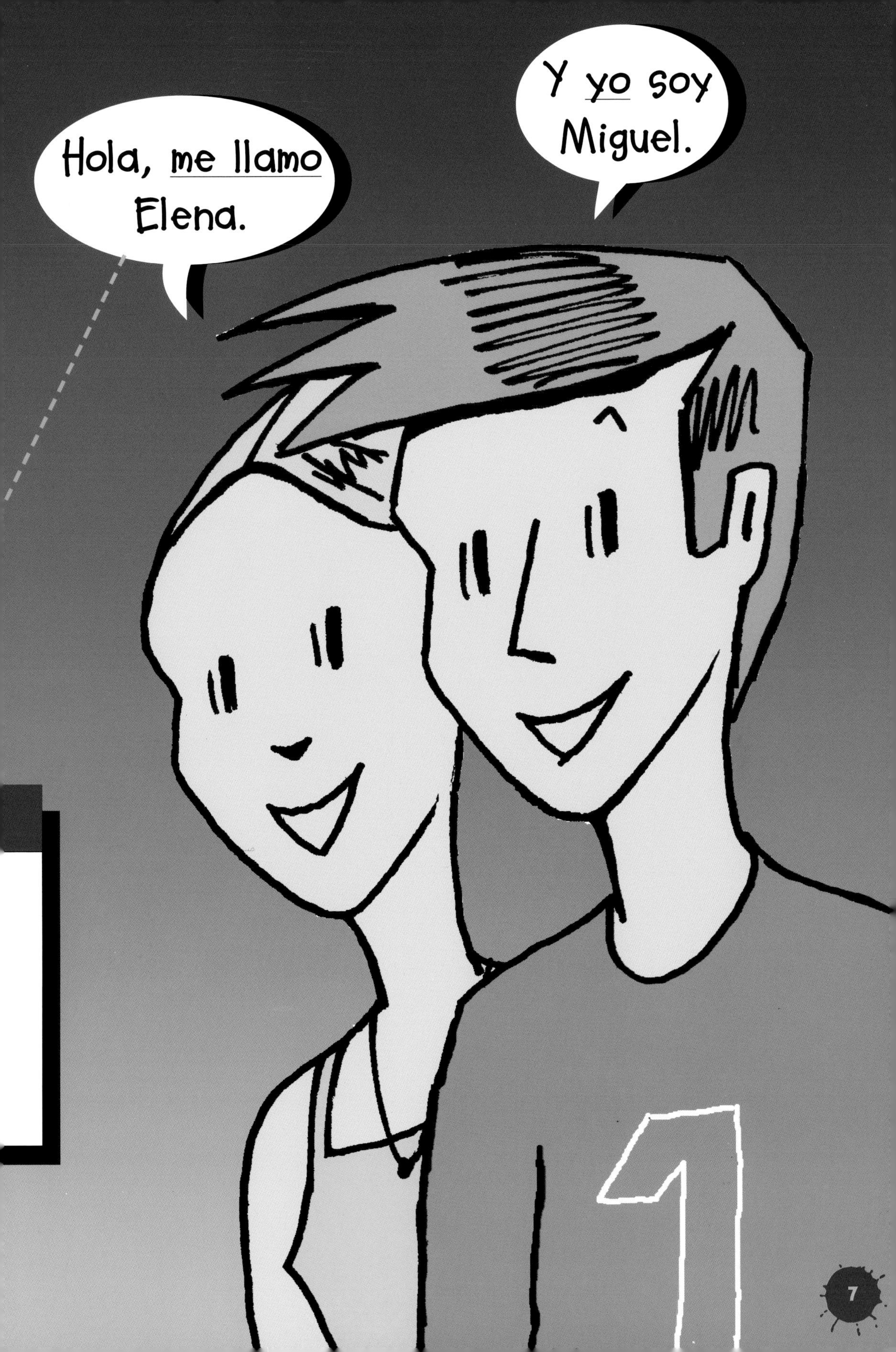
Hola, me llamo Elena.
Y yo soy Miguel.

Es hora de vestirse

la almohada

un osito de peluche

un sombrero gris

LA ROPA

un vestido

una chaqueta verde

unos pantalon

un bolsillo

un abrigo rojo

EL ARMARIO

unos zapatos

un cojín

la cama

un jersey

el edredón

una bufanda

un anorak

¿De quién es esta bufanda?

Si es rosa, es mía.

¿Puedo ponérmela?

¡Ni hablar!

¡Vamos a estudiar matemáticas!

$5 + 7 = 12$

UNA SUMA

$20 - 5 = 15$

UNA RESTA

$2 \times 6 = 12$

UNA MULTIPLICACIÓN

$10 : 2 = 5$

UNA DIVISIÓN

Yo también puedo volar, pero soy <u>lento</u>...

¡Guau!, ¡es <u>increíble</u>!

Sí.

...9, 8, 7, 6, 5, 4, 3, 2, 1, 0

un satélite

un astronauta

un cohete

De mayor, quiero ser <u>astronauta</u>.

el humo

la llama

Para eso tienes que ser muy <u>bueno</u> en matemáticas.

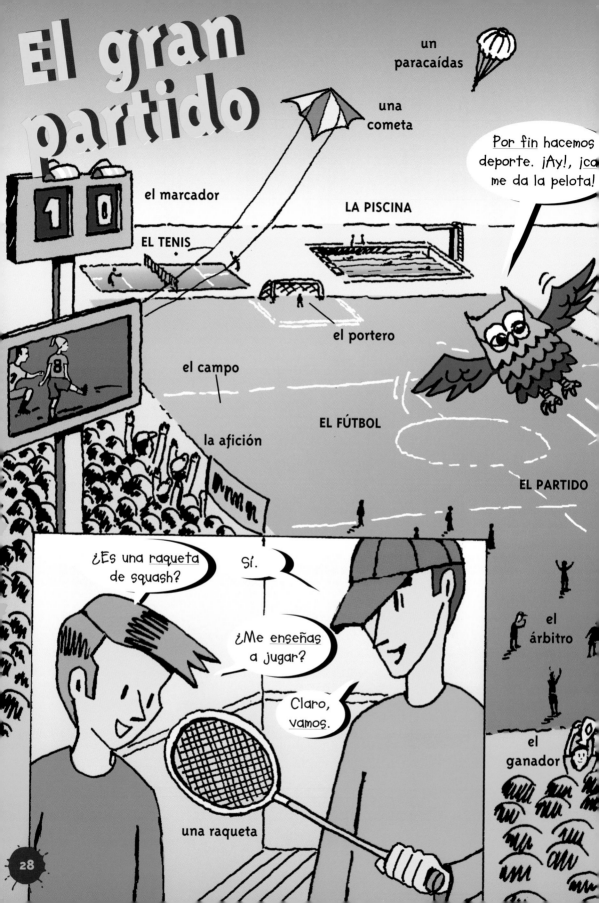

En el circo

una cuerda

un trapecio

la carpa

un elefante

un oso

una jirafa

un látigo

un león

un tigre

el domador

una jaula

42

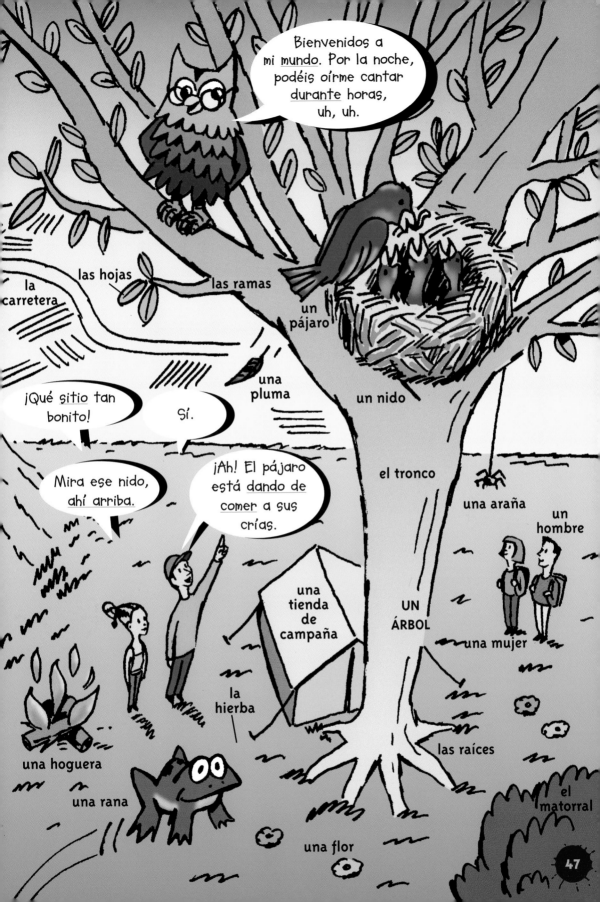

Las vacaciones

un mástil

una vela

un velero

una tabla de surf

un faro

la arena

un castillo de arena

una canoa

una ballena

el mar

una estrella de mar

un pulpo

un tiburón

un submarino

unas gafas de bucear

los restos de un naufragio

una tortuga

48

PLEAÑOS, MIGUEL

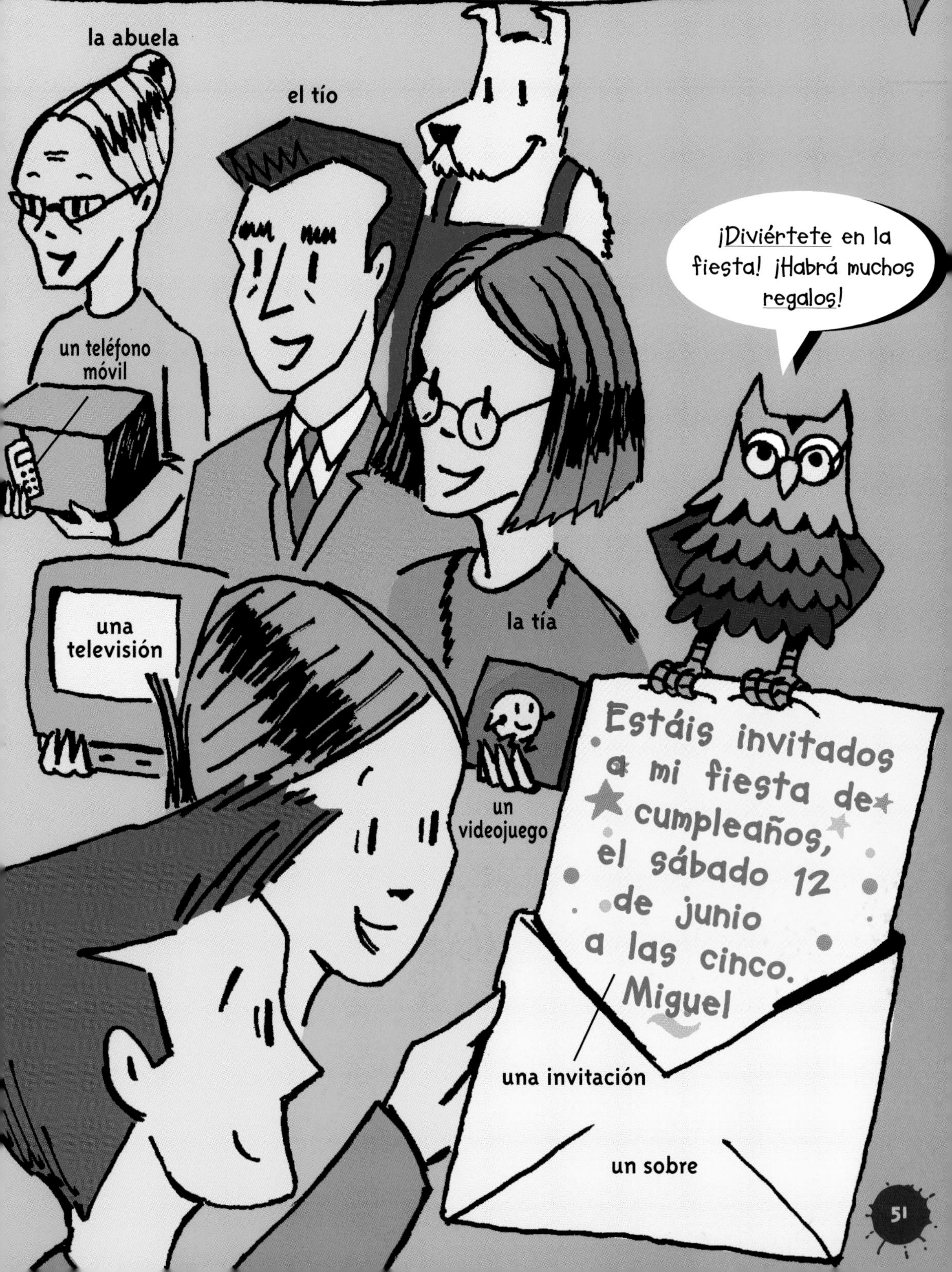

Civilización

Océano Atlántico
Atlantic Ocean

ESPAÑA SPAIN
☐ 504.750 km²
😊 40,5 M españoles Spanish
● **Madrid**

Golfo de Vizcaya
Bay of Biscay

Santiago de Compostela

Barcelona

MADRID

Tajo
Tagus

Islas Baleares
Balearic islands

Palma
de Mallorca

Sevilla
Seville

Guadalquivir

Mar Mediterráneo
Mediterranean Sea

Islas
Canarias
Canary Islands

52

MÉXICO
MEXICO

La Habana
Havana
CUBA

Ciudad
de México
Mexico City

Mar Caribe
Caribbean Sea

CUBA		
□	115.000 km²	
😊	11,2 M	cubanos *Cubans*
●	La Habana *Havana*	

NICARAGUA

VENEZUELA

AMÉRICA
CENTRAL
CENTRAL
AMERICA

PANAMÁ
PANAMA

COLOMBIA

MÉXICO *MEXICO*		
□	1.970 000 km²	mexicanos *Mexicans*
😊	99 M	Ciudad de México *Mexico City*
●		

ECUADOR

PERÚ
PERU

Lima

BOLIVIA

PERÚ *PERU*		
□	1.285 000 km²	peruanos *Peruvians*
😊	25,6 M	Lima
●		

PARAGUAY

ARGENTINA

URUGUAY

Océano Pacífico

Pacific Ocean

AMÉRICA DEL SUR
SOUTH AMERICA

Buenos
Aires

CHILE

ARGENTINA		
□	3.761 000 km²	
😊	37 M	argentinos *Argentinians*
●	Buenos Aires	

Océano Atlántico
Atlantic Ocean

53

La Alhambra/The Alhambra

Entre los siglos VIII y XV, los árabes vivieron en España. Los últimos reyes moros se instalaron en la Alhambra de Granada (en Andalucía), que es un palacio suntuoso rodeado de magníficos jardines. A los árabes les debemos importantes conocimientos científicos y su influencia se nota en la música, la comida, la lengua, etc.

Between the eighth and fifteenth centuries Arabs lived in Spain. The last Moorish kings settled in the Alhambra de Granada (in Andalusia) which is a sumptuous palace surrounded by magnificent gardens. The Arabs can be credited with bringing important scientific knowledge and their influence can be seen in music, food and language etc.

Civilización

Don Quijote
Don Quixote

Este libro, que Cervantes escribió en el siglo XVII, cuenta las aventuras imaginarias de Don Quijote, que se vuelve loco leyendo novelas de caballería. Con su escudero, Sancho Panza, lucha contra molinos de viento, pensando que son gigantes.

This book which Cervantes wrote in the seventeenth century recounts the imaginary adventures of Don Quixote who went mad reading novels about knights and chivalry. With his faithful squire Sancho Panza he battled windmills thinking they were giants.

La corrida
The Bullfight

Durante la corrida, el torero, vestido con un traje de muchos colores llamado "traje de luces", se enfrenta al toro con un capote rojo. Tras hacer algunos pases con el capote, el torero mata al toro con una espada. Este espectáculo tradicional es uno de los acontecimientos más importantes en las fiestas patronales de muchas ciudades españolas.

During the bullfight, the bullfighter who is dressed in a multicoloured costume called the "suit of lights" confronts the bull with a red cape. After making several passes with the cape the bullfighter kills the bull with a sword. In many Spanish villages this traditional performance is one of the most important events of the festivals held in honour of the village patron saint.

Las Tapas
Tapas

Los españoles suelen comer mucho más tarde que nosotros: ¡no es raro que coman sobre las tres y que cenen sobre las diez! Entre amigos, es frecuente ir de tapas, es decir, ir de bar en bar, tomar una copa y compartir varias raciones pequeñas de chorizo, tortilla, calamares, aceitunas, etc.

The Spanish usually eat much later than us – it's not unusual for them to have lunch about three o'clock and dinner about ten o'clock! It's common for friends to go from bar to bar having a drink and eating some "tapas", an assortment of small portions of chorizo, Spanish omelette, squid, olives, etc.

El Flamenco
Flamenco

De Andalucía viene este estilo de música muy popular que combina el cante, el baile, la guitarra y las castañuelas. De origen muy antiguo, son los gitanos los que lo han mantenido vivo y todavía hoy las canciones se transmiten oralmente.

Flamenco is a type of music combining singing, dancing, guitar and castanets which originates in Andalusia. It is a very ancient tradition which has been kept alive by the gypsies who pass down the songs from one generation to another orally.

Los Reyes Magos
The Three Wise Men

Baltasar
Balthazar

Melchor
Melchior

Gaspar
Caspar

En España es tradición que los tres Reyes Magos traigan los juguetes a los niños. La noche del 5 de enero, después del desfile llamado cabalgata, van de casa en casa y dejan los regalos dentro de los zapatos. Pero ojo: sólo los niños que han sido buenos reciben regalos. Los niños malos reciben carbón, aunque a veces es de azúcar.

In Spain, children traditionally receive toys brought by the Three Wise Men. On the night of January 5th, after the procession called "cabalgata", they go from house to house leaving presents inside shoes. But watch out – only children who have been good get presents! Those who have been bad get a lump of coal, although sometimes it's made of sugar.

Los Aztecas
The Aztecs

Son una civilización indígena de Latinoamérica muy importante. Hasta la llegada de los conquistadores españoles, fueron un gran imperio guerrero y agricultor en México. Adoraban a más de un dios (como el dios del sol, el dios de la lluvia, etcétera) y hacían sacrificios humanos.

The Aztecs are one of the most important indigenous civilisations of Latin America. Up until the arrival of the Spanish conquistadors they were a great military and agricultural empire in Mexico. They worshipped more than one god (like the god of sun, the god of rain, etc) and they made human sacrifices.

Productos del Nuevo Mundo
Products of the New World

¿Sabías que la patata, el café, el cacao y el maíz vienen de América? Cuando llegaron al nuevo continente, los españoles los descubrieron y los llevaron a España, introduciéndolos así en Europa.

Did you know that the potato, coffee, cocoa and corn came from America? The Spanish discovered them when they came to the new continent and brought them back to Spain, thus introducing them to Europe.

On the following pages you will find a real bilingual dictionary. This dictionary contains all of the Spanish words found in the text along with the English translation.

Also shown, are all of the sentences from the dialogues which you can find by looking up the underlined words in the speech bubbles.

If you want to translate the sentence **Soy vuestro amigo** then look up the word **amigo** and you will find I'm your friend.

In Spanish, just as in English, some words have more than one meaning. Compare the two examples for the English word right: **1.** you're right **2.** take the third street on the right!

In the dictionary, when a Spanish word has two meanings, the meanings are numbered and they are often illustrated:

1. doll **2.** wrist

a: está cerca, a sólo cinco minutos **andando** it's close, only a five minute walk away

abajo down

el **abecedario** alphabet

abre → abrir

abrid → abrir

el **abrigo** coat

abril April

abrir to open □ **abrid el cuaderno** open your exercise books □ **¡abre los ojos!** open your eyes!

la **abuela** grandmother

el **abuelo** grandfather

el **aceite** oil

acercarse to get close to □ **no te acerques tanto al gorila** don't get too close to the gorilla

acerques → acercarse

el **actor** actor

la **actriz** actress

adiós bye-bye □ **adiós, mamá** bye-bye mum

la **afición** fans

la **agenda** address book

agosto August

el **agua** water

el **aguacate** avocado

el **águila** eagle □ **si fuera un águila...** if I was an eagle...

ahí arriba up there □ **mira ese nido, ahí arriba** look at the nest up there

ahora now □ **ahora que los niños van a la escuela** now that the children have gone to school...

al at

al lado next door □ **vivo en el árbol de al lado** I live in the tree next door

el **ala** wing

la **alfombra** rug

algo something, anything □ **¿hay algo de comida para mí?** is there anything for me to eat?

allí over there □ **no, el museo está allí** no, the museum is over there

la **almohada** pillow

al revés backward(s) □ **¡y hasta puedo volar al revés!** I can even fly backward(s)!

alto, alta 1. loud □ **la música está demasiado alta** the music is too loud 2. high □ **¡qué alto está el trapecio!** the trapeze is very high!

amarillo, amarilla yellow

el **amigo** friend □ **soy vuestro amigo** I'm your friend

andando → **andar**

andar to walk □ **está cerca, a sólo cinco minutos andando** it's close, only a five minute walk away

el **animal** animal

el **animal doméstico** pet □ **no es un animal doméstico** it's not a pet

el **anorak** anorak

el **año** year

el **aparcamiento** car park (*UK*), parking lot (*US*)

el **apio** celery

apetecer to feel like

aprender to learn □ **espero aprender algo nuevo hoy** I hope to learn something new today

apuntar to write down

aquí here □ **soy nuevo aquí** I'm new here

la **araña** spider

el **árbitro** referee

el **árbol** tree

el **arco iris** rainbow

la **arena** sand

Argentina □ **soy de Buenos Aires, en Argentina** I'm from Buenos Aires, in Argentina

un **argentino** Argentinian

el **armario** wardrobe (*UK*), closet (*US*)

arriba up

el **arroz** rice

el **artista** artist

el **ascensor** lift (*UK*), elevator (*US*)

el **astronauta** astronaut ❑ **de mayor, quiero ser astronauta** when I'm older, I want to be an astronaut

atrás backward(s) ❑ **¡camina hacia atrás!** walk backward(s)!

el **avión** plane (*UK*), airplane (*US*)

ayer yesterday ❑ **ayer fue jueves** yesterday was Thursday

ayudar to help ❑ **voy a ayudaros a aprender español** I'll help you learn Spanish

ayudaros → ayudar

el **azúcar** sugar

azul blue

bailar to dance ❑ **¿vamos a bailar?** let's dance!

bajo, baja short

la **ballena** whale

el **baloncesto** basketball

el **banco** bank

la **bañera** bath (*UK*), bathtub (*US*)

el **barco** boat

la **barriga** tummy

el **barrio** neighbo(u)rhood ❑ **un chico nuevo en el barrio** a new kid in the neighbo(u)rhood

la **batería** drums

beber to drink ❑ **¿y para beber?** and what would you like to drink?

la **bicicleta** bicycle

bien fine, good ◻ **bien, gracias** fine, thank you ◻ **¡muy bien!** very good! ◻ **no muy bien** not so good

bienvenido, bienvenida welcome ◻ **¡bienvenidos a nuestra casa!** welcome to our house!

el **billete** note (*UK*), bill (*US*)

blanco, blanca white

la **boca** mouth

el **bolígrafo** pen

el **bolsillo** pocket

el **bombero** fireman (*UK*), firefighter (*US*)

bonito, bonita beautiful ◻ **¡qué violín tan bonito!** what a beautiful violin!

el **bosque** forest

la **botella** bottle

el **brazo** arm

la **broma** joke ◻ **¡es broma!** just joking!

la **bruja** witch ◻ **¡como una bruja!** like a witch!

buenas noches good evening, good night

bueno, buena good ◻ **para eso tienes que ser muy bueno en matemáticas** for that you have to be very good at math(s)

buenos días good morning

la **bufanda** scarf

el **búho** owl

buscar to look for ◻ **vete a buscar leche fría a la nevera** go and get some cold milk from the fridge

el **caballo** horse

la **cabeza** head

la **cadena** chain

la **cadera** hip

la **caja** box

la **caja de herramientas** toolbox

el **cajero** cashier

el **cajón** drawer

los **calcetines** socks

la **calculadora** calculator

el **calendario** calendar

caliente hot ❑ **la leche está demasiado caliente** my milk is too hot

la **calle** street

el **calor** heat ❑ **sí, porque hace calor** yes because it's hot

la **cama** bed

el **cámara** cameraman

el **camarero** waiter ❑ **¡camarero!** waiter!

camina → caminar

caminar to walk ❑ **¡camina hacia delante!** walk forward(s)! ❑ **¡camina hacia atrás!** walk backward(s)!

el **camión** lorry (*UK*), truck (*US*)

el **camión de bomberos** fire engine (*UK*), fire truck (*US*)

la **camisa** shirt

la **camiseta** T-shirt

el **campo** field

la **canción** song

la **canoa** canoe

cansado, cansada tired ❑ **está muy cansado** he's very tired

la **cantante** singer

cantar to sing

63

el **capó** bonnet (*UK*), hood (*US*)

la **cara** face

la **carne** meat

la **carne de cerdo** pork

el **carnicero** butcher

la **carpa** big top

el **carpintero** carpenter ☐ ¿eres carpintero? are you a carpenter?

la **carretera** road

la **casa** house

el **casco** helmet

casi almost ☐ ¡ay!, ¡casi me da la pelota! oops! the ball almost hit me!

el **castillo de arena** sandcastle

el **céntimo** cent

el **centro** centre (*UK*), center (*US*)

el **cepillo** hairbrush

el **cepillo de dientes** toothbrush

cerca close ☐ está cerca, a sólo cinco minutos andando it's close, only a five minute walk away

cerca de close to ☐ qué bien, está cerca de mi casa cool, that's close to my house

el **cerdo** pork

los **cereales** cereal

las **cerezas** cherries

cero zero

cerrar to close ☐ ¡cierra los ojos! close your eyes!

el **champú** shampoo

la **chaqueta** jacket

el **chico** kid

el **chocolate** chocolate ☐ ¿has visto la tarta de chocolate? have you seen the chocolate cake?

el **cielo** sky

cien a hundred

cierra → **cerrar**

cinco five

cincuenta fifty

la **cintura** waist

el **cinturón de seguridad** seat belt

el **circo** circus

el **círculo** circle

el **cirujano** surgeon

la **ciudad** town

claro of course ◻ sí, claro yes, of course

la **clase** classroom

el **clavo** nail

el **coche** car

el **coche de policía** police car

la **cocina** kitchen

el **cocinero** chef

el **codo** elbow

coge → **coger**

coger to take ◻ ¡coge el libro! take the book! ◻ luego coge la tercera calle a la derecha then take the third street on the right

el **cohete** rocket

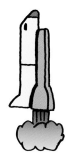

el **cojín** cushion

la **cola** tail

la **coliflor** cauliflower

la **colina** hill

el **color** colo(u)r ◻ ¿de qué color es mi chaqueta? what colo(u)r is my jacket?

el **columpio** swing

el **comedor** dining room

comer to eat

la **cometa** kite

la **comida** food

la **comisaría** police station

como like □ **como en todos los lugares del mundo** like everywhere in the world

cómo how □ **¿cómo estás hoy?** how are you today?

la **compra** shopping □ **¿tienes la lista de la compra?** have you got the shopping list?

con with □ **es la niña rubia con la camiseta roja** she's the girl with blond hair and a red shirt

el **concierto** concert □ **¡qué concierto tan guay!** what a great concert!

el **conductor** driver

conmigo with me □ **¿te apetece venir al circo conmigo?** do you feel like coming to the circus with me?

construir to build □ **construyen casas y barcos** they build houses and boats

construyen → **construir**

contento, contenta happy □ **el gato está contento** the cat is happy

el **continente** continent

los **copos de nieve** snowflakes

el **cordero** lamb

corren → **correr**

correos post office

correr to run □ **los gatitos corren por todas partes** the kittens are running everywhere

las **cortinas** curtains

creer to believe, to think □ **creo que nos hemos perdido** I think we're lost

creo → **creer**

la **cría** baby animal

el **cuaderno** exercise book

el **cuadrado** square

cuál which □ **¿cuál es tu día preferido?** which day do you prefer?

cuánto how much □ **¿cuánto son**

cinco más siete? how much is five and seven?

cuarto quarter ☐ las seis menos cuarto quarter to six ☐ **las seis y cuarto** quarter past six

el **cuarto de baño** bathroom

cuatro four

la **cuchara** spoon

el **cuchillo** knife

el **cuello** neck

la **cuerda** rope

¡cuidado! careful!

el **cumpleaños** birthday ☐ ¡feliz cumpleaños! happy birthday!

da igual → **dar igual**

date la vuelta → **darse la vuelta**

dando de comer → **dar de comer**

dar to give ☐ tome, le doy un billete de veinte here's a twenty

dar de comer to feed ☐ el pájaro

está dando de comer a sus crías the bird is feeding its babies

dar igual: pero a mí me da igual but it's all the same to me

darse la vuelta to turn round ☐ ¡date la vuelta! turn round!

darse prisa to hurry ☐ vale, pero date prisa ok, but hurry up!

date prisa → **darse prisa**

debajo de under ☐ el gato está debajo de la caja the cat is under the box

los **deberes** homework

decir to say ☐ ¿qué decís? what are you saying?

decís → **decir**

los **dedos** fingers

los **dedos del pie** toes

déjame → **dejar**

dejar to let ☐ déjame ir al baño a mí primero let me go to the bathroom first

delante in front ☐ ¡camina hacia delante! walk forward(s)!

delante de in front of □ **el gato está delante de la caja** the cat is in front of the box

deletread → **deletrear**

deletrear to spell □ **deletread la palabra "español"** please spell the word "Español"

delgado, delgada slim

demasiado too, too much □ **la música está demasiado alta** the music is too loud

dentro de inside □ **el gato está dentro de la caja** the cat is inside the box

el **deporte** sport

la **derecha** right

el **desayuno** breakfast

descansar to rest □ **voy a poder descansar** I can rest

el **desierto** desert

el **desorden** mess □ **¡qué desorden!** what a mess!

el **despertador**
alarm clock

después then, afterward(s) □ **y después la segunda calle a la izquierda** then the second street on the left

el **destornillador** screwdriver

detrás de behind □ **el gato está detrás de la caja** the cat is behind the box

el **día** day

el **dibujo** drawing, picture

el **diccionario** dictionary

diciembre December

diecinueve nineteen

dieciocho eighteen

los **dientes** teeth

diez ten

difícil difficult □ **¿es difícil?** is it difficult?

la **dirección** address □ **voy a apuntar tu dirección** I'll write down your address

divertido, divertida ı. funny □

el gato es divertido the cat is funny
2. fun □ **sí, ¡es muy divertido!** yes,
it's fun!

divertirse to enjoy yourself □
¡diviértete en la fiesta! enjoy the
party!

diviértete → **divertirse**

la **división** division

doce twelve

el **doctor** doctor

el **domador** lion tamer

domingo Sunday

dónde where □ **¿de dónde eres?**
where are you from?

dormir to sleep □ **el gato está
durmiendo en el sofá** the cat is
sleeping on the sofa

dos two

doy → **dar**

la **ducha** shower

durante for □ **por la noche,
podéis oírme cantar durante
horas, uh, uh** at night, you can hear
me singing for hours, whoooo
whoooo

durmiendo → **dormir**

el **ecuador** equator

la **edad** age □ **sí, ¡un cuarto de la
edad de papá!** yes, and a quarter of
Dad's age!

el **edredón** blanket

el **elefante** elephant

en ı. in □ **vivo en el árbol de al
lado** I live in the tree next door □ **en
la calle Colón** in Colón Street **2.** on
□ **el gato está durmiendo en el
sofá** the cat is sleeping on the sofa

encanta → **encantar**

encantan → **encantar**

encantar to love □ **claro que sí,
me encantan** of course, I love them
□ **¡me encanta el helado!** I love ice
cream!

encima de on, on top of □ **el
gato está encima de las cajas** the
cat is on top of the boxes

encontrar to find □ **no encuentro
mi jersey azul** I can't find my blue
sweater

encuentro → **encontrar**

enero January

enfadado, enfadada angry □ **el gato está enfadado** the cat is angry

la **enfermera** nurse

el **enfermo** patient

enfrente de across from □ **la panadería está enfrente del banco** the baker's is across from the bank

en punto on the dot □ **son las tres en punto** it's three o'clock on the dot

la **ensalada** salad

enseñar to show □ **¿me enseñas a jugar?** can you show me how to play?

enseñas → **enseñar**

entonces then □ **bien, entonces tenemos dos horas para hacer los deberes** good, then we have two hours to do our homework

en total in total □ **en total, son dieciocho euros y cincuenta céntimos** in total, that's eighteen euros fifty

entre between □ **el gato está entre dos cajas** the cat is between two boxes

el **equipo** team

eres → **ser**

es → **ser**

las **escaleras** stairs

el **escalón** step

el **escenario** stage

la **escoba** broom

el **escondite** hide-and-seek

escribid → **escribir**

escribir to write □ **escribid la fecha de hoy** write today's date

escuchadme → **escuchar**

escuchar to listen □ **escuchadme** listen to me

la **escuela** school

ese, esa, eso that

español Spanish □ **voy a ayudaros a aprender español** I'll help you learn English

el **espejo** mirror

espera → **esperar**

esperar i. to wait □ **espera un minuto, por favor** wait a minute

please **2.** to hope ❑ **espero apren-
der algo nuevo hoy** I hope to learn
something new today

espero → esperar

el **esqueleto** skeleton

los **esquís** skis

la **esquina** corner

está → estar

la **estación** season

el **estadio** stadium

el **estante** bookshelf

estar to be ❑ **la leche está dema-
siado caliente** my milk is too hot ❑
el gato está en la caja the cat is in
the box

la **estatua** statue

el **este** east

este, esta, esto this

la **estrella** star

la **estrella de
mar** starfish

el **euro** euro

fácil easy ❑ **no es muy fácil** it's
not very easy

la **falda** skirt

la **familia** family

el **faro** headlight

febrero February

la **fecha** date

feliz happy ❑ **feliz cumpleaños,
Miguel** happy birthday, Miguel

la **fiesta** party ❑ **¡qué fiesta tan
guay!** what a nice party!

la **figura** shape

el **filete** steak

la **flor** flower

la **foca** seal

los **fogones** cooker

el **fondo** bottom ❑ **el gato está en el
fondo de la caja** the cat is in the
bottom of the box

el **freno** brake

la **frente** forehead

la **fresa** stawberry

frío, fría cold

la **fruta** fruit

fue → ser

fuera → ser

fuera de outside □ **el gato está fuera de la caja** the cat is outside the box

el **fútbol** football (*UK*), soccer (*US*)

las **gafas de bucear** mask

la **gallina** chicken

el **ganador** winner

el **garaje** garage

el **gatito** kitten

el **gato** cat □ **¿dónde está nuestro gato?** where's our cat?

genial great □ **sí, es genial** yes, it's great

la **gente** people

la **geografía** geography

el **gol** goal

la **goma** rubber (*UK*), eraser (*US*)

gordo, gorda fat

el **gorila** gorilla

la **gorra** cap

gracias thank you □ **¡muchas gracias!** thank you very much!

grande large □ **una caja grande** a large box

la **granja** farm

el **granjero** farmer

gris grey

el **grupo** group

¡guau! wow

guay great □ **¡qué guay!** that's great!

los **guisantes** peas

la **guitarra** guitar

gusta → **gustar**

gustan → **gustar**

gustar to like □ me gustaría ser profesor o astronauta I'd like to be a teacher or an astronaut □ ¿no te gustan los payasos? don't you like the clowns? □ ¿te gusta el verano? ¿do you like summer?

gustaría → **gustar**

las **habas** broad beans

haber: hay gente baja, gente gorda y gente delgada there are short people, fat people and thin people

la **habitación** bedroom

hablar to talk □ ¡ni hablar! forget it!

hace → **hacer**

hacemos → **hacer**

hacen → **hacer**

hacer to do □ ¿qué hacen los car-

pinteros? what does a carpenter do? □ **por fin hacemos deporte** at last we're doing sport □ **sí, ¡y hace tanto viento que podríamos volar con una escoba!** it's so windy we could fly on a broom!

hacia towards □ si vas hacia el este durante mucho tiempo if you walk east for a very long time

el **hambre** hunger □ ¡tengo mucha hambre! I'm very hungry!

la **hamburguesa** hamburger

hasta 1. until □ hasta las cinco until five o'clock 2. even □ ¡y hasta puedo volar al revés! I can even fly backward(s)!

hay → **haber**

el **helado** ice cream

la **hermana** sister

el **hermano** brother □ sí, tengo un hermano menor yes, I have a little brother

la **hierba** grass

la **hija** daughter

el **hijo** son

la **historia** story □ ¡qué historia! what a story!

la **hoguera** campfire

la **hoja** leaf

el **hombre** man

el **hombro** shoulder

la **hora** time □ Miguel, ¿qué hora es? Miguel, what time is it?

el **horno** oven

el **hospital** hospital

el **hotel** hotel

hoy today □ hoy es viernes today is Friday

huele → oler

el **huevo** egg

el **humo** smoke

importa → importar

importar: □ ¡no importa! forget it! □ no me importa I don't care

imposible impossible

la **impresora** printer

incluso even □ incluso con mis trucos de magia, la ciudad es un lugar peligroso para mí even with my magic tricks, a city is a dangerous place for me

increíble incredible □ ¡es increíble! this is incredible!

el **informático** programmer

el **instrumento** instrument

el **invierno** winter

la **invitación** invitation

invitado, invitada invited

ir to go □ es hora de ir a la escuela it's time to go to school □ ahora que los niños van a la escuela now that the children have gone to school □ y no tenemos que ir a la escuela and we don't have to go to school □ claro, vamos ok, come on

la **isla** island

la **izquierda** left □ y después la segunda calle a la izquierda and after that the second street on the left

el **jabón** soap

el **jamón** ham

el **jardín** garden

el **jardinero** gardener

la **jaula** cage

el **jersey** sweater

la **jirafa** giraffe

las **judías** beans

jueves Thursday

el **jugador** player

jugando → **jugar**

jugar to play □ **está jugando al escondite con nosotros** he's playing hide-and-seek with us

el **juguete** toy

la **juguetería** toy shop

julio July

junio June

el **ketchup** ketchup

la **lámpara** lamp

el **lápiz** pencil

el **látigo** whip

el **lavabo** washbasin

la **leche** milk

la **lechuga** lettuce

lejos far □ **el gato está lejos de las cajas** the cat is away from the boxes

la **lengua** tongue

lento, lenta slow □ **yo también puedo volar, pero soy lento** I can fly too, but I'm slow...

el **león** lion

levanta → **levantar**

levantar to lift up ❑ ¡levanta el pie! lift your foot up!

levantarse to get up ❑ ¡levántate! get up!

levántate → **levantarse**

el **libro** book

el **limón** lemon

la **lista** list

listo, lista ready ❑ ¿estás lista? are you ready?

la **llama** flame

llámame → **llamar**

llamar to call ❑ pero llámame Javi but call me Javi

llamarse to be called ❑ hola, me llamo Elena hi, I'm called Elena

la **llanura** plain

la **llave** key

llegar to arrive ❑ volverás a llegar aquí you'll come back here

lleno, llena full ❑ la caja está llena the box is full

llorar to cry ❑ ¡llora! cry!

llover to rain

llueve → **llover**

la **lluvia** rain

el **lugar** place

la **luna** moon

lunes Monday

la **madera** wood

la **madre** mother

mágico, mágica magic

el **mago** magician

la **maleta** suitcase

el **maletero** boot (*UK*), trunk (*US*)

mamá mum (*UK*), mom (*US*)

la **manguera** hose

el **manillar** handlebars

la **mano** hand

el **mantel** tablecloth

la **mantequilla** butter

la **manzana** apple

mañana tomorrow ❑ **mañana es sábado** tomorrow is Saturday

el **mar** sea ❑ **nadar en el mar, en el agua caliente** swimming in the sea, in warm water

el **marcador** scoreboard

el **marco de fotos** frame

la **mariposa** butterfly

marrón brown

martes Tuesday

el **martillo** hammer

marzo March

más 1. plus ❑ **¿y veinte más cinco?** and 20 plus 5? 2. more ❑ **aquí hay mucha más comida que en el bosque** there's much more food here than in the forest

el **mástil** mast

las **matemáticas** math(s)

el **matorral** bush

mayo May

mayor older ❑ **¿qué quieres ser de mayor?** what do you want to be when you're older?

el **mecánico** mechanic ❑ **es mecánico** he's a mechanic

media half ❑ **las doce y media** half past twelve

medianoche midnight

Diccionario

mediodía noon

la **mejilla** cheek

mejor better ❑ **es mejor que vol-vamos a casa** we had better go back home

me llamo → **llamarse**

el **melocotón** peach

el **melón** melon

menor younger

menos less

la **mermelada** jam

el **mes** month

la **mesa** table

mi my ❑ **está encima de mi cama** it's on my bed

mí me

el **micrófono** microphone

el **miedo** fear ❑ **da miedo, ¿a que sí?** it's scary, isn't it? ❑ **el gato tiene miedo** the cat is scared

la **miel** honey

miércoles Wednesday

mil a thousand

el **minuto** minute

el **mío, la mía** mine

mirar to look at ❑ **¡mira los dibu-jos en el libro!** look at the pictures in the book!

la **mochila** rucksack (*UK*), backpack (*US*)

la **moneda** coin

la **montaña** mountain ❑ **voy a la montaña** I'm going to the mountains

la **mostaza** mustard

el **motor** engine

muchísimo, muchísima very much

mucho very, a lot ❑ **mi mochila pesa mucho** my rucksack is very heavy

muchos, muchas many ❑

muchas gracias thank you very much

mucho tiempo a long time □ **no tardes mucho tiempo** don't stay too long

la **mujer** woman

la **multiplicación** multiplication

el **mundo** world □ **bienvenidos a mi mundo** welcome to my world

la **muñeca** 1. doll 2. wrist

el **muñeco de nieve** snowman

el **museo** museum

la **música** music

muy very

nada nothing

nadar to swim □ **nadar en el mar** swim in the sea

la **naranja** orange

la **nariz** nose

la **naturaleza** nature

el **naufragio** shipwreck

necesitar to need □ **yo no necesito nada para volar** I don't need anything to fly

necesito → **necesitar**

negro, negra black

el **neumático** tyre (UK), tire (US)

la **nevera** fridge

ni neither □ **¡ni hablar!** forget it!

el **nido** nest

la **nieve** snow

la **niña** girl

el **niño** boy

los **niños** children

no no

la **noche** night

Diccionario

el **norte** north

nos hemos perdido → **perderse**

nosotros we, us

no te rías → **reírse**

noviembre November

la **nube** cloud

nuestro, nuestra our □ ¿dónde está nuestro gato? where's our cat?

nueve nine

nuevo, nueva new □ soy vuestro nuevo profesor I'm your new teacher

el **número** number □ ah, sí, la que tiene el número 8 oh yes, the one with number 8

nunca never □ los búhos nunca se ponen enfermos owls are never ill

o or □ ¿negra o verde? black or green?

el **océano** ocean

ocho eight

octubre October

el **oeste** west

oigo → **oír**

oír to hear □ **no os oigo** I can't hear you □ **por las noches, podéis oírme cantar durante horas** at night you can hear me for hours

oírme → **oír**

los **ojos** eyes

oler to smell □ **¡qué bien huele!** it smells good!

olvidar to forget □ **no olvides el helado** don't forget the ice cream

olvides → **olvidar**

el **ordenador** computer

la **oreja** ear

el **osito de peluche** teddy bear

el **oso** bear

el **otoño** autumn

el **otro** other □ **¿puede traerme otro zumo de naranja?** can I have another orange juice?

el **padre** father

los **padres** parents

la **paja** straw

el **pájaro** bird

la **pajita** straw

la **palabra** word

los **palillos** drumsticks

la **paloma** dove

el **pan** bread

la **panadería** baker's

la **pantalla** monitor

los **pantalones** trousers (*UK*), pants (*US*)

papá dad

el **papel** paper

para for ❑ ¿esta sopa es para ti? is the soup for you?

el **parabrisas** windscreen

el **paracaídas** parachute

el **parachoques** bumper (*UK*), fender (*US*)

el **paraguas** umbrella

la **pared** wall

el **parquímetro** parking meter

el **partido** game

pasar to pass ❑ ¿me pasas el azúcar, por favor? can you pass me the sugar please?

pasas → **pasar**

el **paso de cebra** pedestrian crossing

la **pasta** pasta

la **pasta de dientes** toothpaste

las **patatas** potatoes ❑ **las patatas fritas** chips (*UK*), fries (*US*), crisps (*UK*), chips (*US*) ❑ **una sopa, una hamburguesa con patatas fritas y una tarta de manzana** soup, a hamburger with chips (fries) and some apple pie

los **patines** rollerblades

el **pato** duck

el **payaso** clown ❑ **no te rías... ¡quiero ser payaso! ¿Y tú?** don't laugh; I want to be a clown! And you?

el **pecho** chest

el **pegamento** glue

peinarme → **peinarse**

peinarse to brush one's hair ❑ **tengo que peinarme** I need to brush my hair

peligroso, peligrosa dangerous

el **pelo** hair

la **pelota** ball

la **peluquería** hairdresser's

el **pepino** cucumber

pequeño, pequeña small ❑ **una caja pequeña** a small box

la **pera** pear

perder to lose

perderse to get lost ❑ **creo que nos hemos perdido** I think we're lost

perdonar to excuse ❑ **perdone, ¿dónde está la panadería?** excuse me, where's the baker's?

perdone → **perdonar**

el **periódico** newspaper

el **periodista** journalist

pero but ❑ **vale, pero date prisa** ok, but hurry up

el **perro** dog

pesar to weigh

el **pescado** fish (*food*)

el **pez** fish (*alive*)

el **piano** piano

el **pie** foot

la **pierna** leg

el **pijama** pyjamas

el **piloto** pilot

la **pimienta** pepper

el **pingüino** penguin

el **pintor** painter

la **piscina** swimming pool

la **pista de patinaje** roller rink

la **pizarra** blackboard (*UK*), chalkboard (*US*)

el **plátano** banana

el **plato** plate

la **playa** beach □ **voy a jugar a la playa** I'll play on the beach □ **ah, yo prefiero la playa** oh, I prefer the beach

la **pluma** feather

pobre poor □ **¡pobre!** poor you! □ **pobre Miguel** poor Miguel

podéis → **poder**

poder can □ **¿puedo ponerla?** can I wear it? □ **¿puedo ir al servicio?** can I go to the toilet (*UK*), washroom (*US*)? □ **por las noches, podéis oírme cantar durante horas** at night you can hear me for hours □ **sí, ¡y hace tanto viento que podríamos volar con una escoba!** yes, and it's so windy we could fly on a broom!

podríamos → **poder**

el **policía** policeman (*UK*), police officer (*US*)

el **polo sur** south pole

el **pomelo** grapefruit

poner 1. put ▢ ¡pon el libro sobre la mesa! put the book on the table! 2. put on ▢ ¿puedo ponérmela? can I put it on?

ponérmela → **poner**

ponerse enfermo to take ill ▢ los búhos nunca se ponen enfermos owls are never ill

por favor please ▢ ¿me pasas el azúcar, por favor? can I have the sugar, please? ▢ **espera un minuto, por favor** just a minute, please ▢ **sentaos, por favor** please sit down ▢ un zumo de naranja, por favor an orange juice please

por fin at last ▢ por fin hacemos deporte sport, at last

por qué why ▢ ¿por qué? why?

por todas partes everywhere

porque because ▢ porque los domingos no voy a la escuela because I don't go to school on Sundays

el **portero** goalkeeper

preferido, preferida favourite

preferir to prefer ▢ ah, yo prefiero la playa oh, I prefer the beach

prefiero → **preferir**

la **primavera** spring

primero first

el **primo** cousin

los **prismáticos** binoculars

la **profesión** job

el **profesor** teacher

el **público** audience

puedo → **poder**

el **puente** bridge

la **puerta** door

el **pulgar** thumb

el **pulpo** octopus

el **pupitre** desk

que aproveche enjoy your meal

Dictionary

querer to want ◻ **¿quieres tosta-das?** would you like some toast? ◻ **¡quiero ser payaso!** I want to be a clown!

el **queso** cheese

quién who ◻ **¿de quién es esta bufanda?** whose scarf is this?

quieres → **querer**

quiero → **querer**

la **radio** radio

la **raíz** root

la **rama** branch

la **rana** frog

rápido, rápida quick ◻ **es muy rápida** she's very quick

la **raqueta** racquet ◻ **¿es una raque-ta de squash?** is this a squash racket?

raro, rara strange ◻ **qué raro, ¿no?** strange, isn't it?

el **rascacielos** skyscraper

el **ratón** mouse

el **ratoncito** little mouse ◻ mmm,

un ratoncito, **¡ñam, ñam!** a little mouse, yummy, yummy

el **rectángulo** rectangle

recto straight ◻ **sigue todo recto por esta calle** carry on straight down this street

redondo, redonda round ◻ **tie-nes razón: la Tierra es redonda** you're right, the earth is round

el **refugio** shelter

el **regalo** present

reírse to laugh ◻ **¡ríete!** laugh! ◻ **no te rías...** don't laugh...

el **relámpago** lightning ◻ **¿has visto el relámpago?** did you see the light-ning?

el **reloj** watch

la **resta** subtraction

el **restaurante** restaurant

los **restos de un naufragio** ship-wreck

rico, rica delicious ◻ **¡seguro que está muy rica!** it looks delicious

ríete → **reírse**

el **río** river

el **robot** robot

la **rodilla** knee

rojo, roja red

la **ropa** clothes

rosa pink

rubio, rubia blond

la **rueda** wheel

sábado Saturday

la **sábana** sheet

saber to know ▢ **no lo sé** I don't know

la **sal** salt

la **salchicha** sausage

la **salida** exit

el **salón** living room

salta → **saltar**

saltar to jump ▢ **¡salta!** jump! ▢ **el gato salta sobre la caja** the cat is jumping over the box

la **sandía** watermelon

el **sándwich** sandwich

el **satélite** satellite

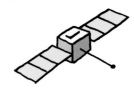

sé → **saber**

la **sed** thirst ▢ **tengo muchísima sed** I'm really thirsty

seguir to continue ▢ **sigue todo recto por esta calle** continue straight down this street

segundo, segunda second

seguro, segura sure ▢ **no sé, no estoy seguro** I don't know, I'm not sure

seis six

la **selva** jungle

el **semáforo** traffic lights

la **semana** week

sentaos → **sentarse**

sentarse to sit down ▢ **¡siéntate!** sit down! ▢ **sentaos, por favor** please sit down

sentirse to feel □ **¿cómo te sientes?** how do you feel?

se ponen enfermos → **ponerse enfermo**

septiembre September

ser to be □ **soy vuestro amigo** I'm your friend □ **es una familia muy simpática** this is a nice family □ **¡es broma!** just joking! □ **soy de Buenos Aires, en Argentina** I'm from Buenos Aires, in Argentina □ **¿en Argentina sois todos tan altos?** are all Argentinians so tall? □ **¿eres carpintero?** are you a carpenter? □ **si fuera un águila...** If I was an eagle... □ **son las tres en punto** It's three o'clock on the dot □ **hoy es viernes, ayer fue jueves y mañana es sábado** today is Friday, yesterday was Thursday and tomorrow is Saturday

el **servicio** toilet (*UK*), washroom (*US*)

la **servilleta** napkin

si if □ **si es rosa, es mía** if it's pink, it's mine

sí yes □ **sí, gracias** yes, please

siéntate → **sentarse**

la **sierra** saw

siete seven

sigue → **seguir**

¡silencio! silence!

la **silla** chair

simpático, simpática nice

el **sitio** place □ **¡qué sitio tan bonito!** what a lovely place!

sobre on □ **el gato está sobre la caja** the cat is on the box

el **sobre** envelope

sobre todo especially □ **¡sí, me gustaría mucho! sobre todo para ver los animales** I'd like to very much, especially to see the animals

el **sofá** sofa

sois → **ser**

el **sol** sun

sólo only

la **sombra** shadow

el **sombrero** hat

son → **ser**

sonreír to smile □ ¡sonríe! smile!

sonríe → **sonreír**

la **sopa** soup

soy → **ser**

el **squash** squash

el **submarino** submarine

el **suelo** floor

el **sueño** dream □ ¡un sueño impo-sible! an impossible dream!

la **suma** addition

sumar to add □ ahora vamos a sumar time for some addition

el **supermercado** supermarket

el **sur** south

la **tabla de surf** surfboard

el **taladro** drill

también too □ yo también me too □ yo también, pero a mi padre le gusta mucho ir a la montaña me too but my father likes to go to the mountains

tan so □ ¿en Argentina sois todos tan altos? are all Argentinians so tall?

tanto so much □ no te acerques tanto al gorila don't get too close to the gorilla

tardar to stay long □ vale, pero no tardes mucho tiempo ok but don't stay too long

tarde late □ vamos a llegar tarde we'll be late

tardes → **tardar**

la **tarta de chocolate** chocolate cake

la **tarta de manzana** apple pie

el **taxi** taxi

el **taxista** taxi driver

la **taza** cup

el **tazón** bowl

el **té** tea

el **techo** ceiling

el **teclado** keyboard

las **teclas** keys

el **tejado** roof

el **teléfono** telephone

el **telesilla** ski lift

la **televisión** television

el **tenedor** fork

tenemos → **tener**

tener to have ❑ **¿tienes hermanos o hermanas?** do you have any brothers or sisters? ❑ **el gato tiene miedo** the cat is scared ❑ **¡tengo mucha hambre !** I'm very hungry!

tener que to have to ❑ **tengo que peinarme** I have to brush my hair ❑ **y no tenemos que ir a la escuela** and we don't have to go to school

tengo → **tener**

tengo que → **tener que**

el **tenis** tennis

tercer, tercero, tercera third

la **ternera** veal

te sientes → **sentirse**

ti you

la **tía** aunt

el **tiburón** shark

el **tiempo** time ❑ **¿cuánto tiempo?** how long?

la **tienda** shop (UK), store (US)

la **tienda de campaña** tent

tiene → **tener**

tienes → **tener**

la **Tierra** earth

el **tigre** tiger

las **tijeras** scissors

el **tío** uncle

tirar: ¡**tírate de la oreja!** pull your ear!

tírate → **tirar**

el **tiro** shot

la **tiza** chalk

la **toalla** towel

el **tobillo** ankle

tocar 1. to touch ☐ ¡**tócate la nariz!** touch your nose! 2. to play ☐ **sí, toco este instrumento en el grupo** yes, I play this instrument in the group

tócate → **tocar**

toco → **tocar**

todo all ☐ ¿**cuánto es todo?** how much is all that?

tomar 1. to drink ☐ ¿**qué quieres tomar?** what would you like to drink? 2. to take ☐ **tome, le doy un billete de veinte** here's a twenty

el **tomate** tomato

tome → **tomar**

la **tormenta** storm

la **torre** tower

la **tortilla** omelette

la **tortuga** turtle

la **tostada** a piece of toast

el **total** total

trabajan → **trabajar**

trabajar to work ☐ **trabajan con madera** they work with wood

traer to bring ☐ ¿**puede traerme otro zumo de naranja?** can I have another orange juice?

traerme → traer

el **trapecio** trapeze

tres three

el **triángulo** triangle

triste sad ❑ el gato está triste the cat is sad

la **trompeta** trumpet

el **tronco** trunk

el **truco de magia** magic trick

tu your ❑ ¡mira, se puede ver tu mano! look, you can see your hand! ❑ está encima de tu cama it's on your bed

tú you ❑ me llamo Elena, ¿y tú? I'm called Elena, and you?

las **uñas** nails

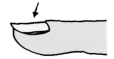

uno one

las **uvas** grapes

la **vaca** cow

las **vacaciones** holidays (*UK*), vacation (*US*) ❑ ¿qué vas a hacer durante las vacaciones? what will you do for your holidays/vacation?

vacío, vacía empty ❑ **la caja está vacía** the box is empty

vale ok ❑ **vale, te espero** ok, I'll wait for you

vamos come on ❑ **claro, vamos** ok, come on

van → ir

los **vaqueros** jeans

el **vaso** glass

el **vecino** neighbo(u)r

veinte twenty

veinticinco twenty-five

la **vela** sail

las **velas** candles

el **velero** sailing boat

venga: venga, Elena come on, Elena

venir to come

la **ventana** window

ver to see ☐ ¿ves a mi hermana? can you see my sister? ☐ ¿has visto el relámpago? did you see the lightning?

el **verano** summer

verde green

la **verdura** vegetables

la **verja** gate

ves → **ver**

el **vestido** dress

vete → **ir**

el **videojuego** video game

el **viento** wind

viernes Friday

el **vinagre** vinegar

el **violín** violin

vives → **vivir**

vivir to live ☐ ¿dónde vives? where do you live?

el **volante** steering wheel

volar to fly

el **volcán** volcano

el **voleibol** volleyball

volvamos → **volver**

volver ı. to come back ☐ volverás a llegar aquí you'll come back here 2. to go back ☐ ya, pero es mejor que volvamos a casa yes, but it's better if we go back home

volverás → **volver**

voy → **ir**

la **vuelta** **1.** turn ◻ **¡date la vuelta!** turn round! **2.** change ◻ **gracias, aquí tienes la vuelta: un euro cincuenta** thank you, here's your change: one euro fifty

vuestro, vuestra your

y and ◻ **¿doce y siete?** twelve and seven?

ya **1.** now, already ◻ **¡ya tienes diez años!** you are ten now! **2.** yes ◻ **ya, pero es mejor que volvamos a casa** yes, but it's better if we go back home ◻ **¡ya voy!** I'm coming!

yo I ◻ **y yo soy Miguel** and I'm Miguel

el **yogur** yoghurt

la **zanahoria** carrot

las **zapatillas** slippers

los **zapatos** shoes

el **zumo** juice

el **zumo de naranja** orange juice

Números cardinales/Cardinal numbers

zero	0	**cero**
one	1	**uno**
two	2	**dos**
three	3	**tres**
four	4	**cuatro**
five	5	**cinco**
six	6	**seis**
seven	7	**siete**
eight	8	**ocho**
nine	9	**nueve**
ten	10	**diez**
eleven	11	**once**
twelve	12	**doce**
thirteen	13	**trece**
fourteen	14	**catorce**
fifteen	15	**quince**
sixteen	16	**dieciséis**
seventeen	17	**diecisiete**
eighteen	18	**dieciocho**
nineteen	19	**diecinueve**
twenty	20	**veinte**
twenty-one	21	**veintiuno**
twenty-two	22	**veintidós**
twenty-three	23	**veintitrés**
twenty-four	24	**veinticuatro**
twenty-five	25	**veinticinco**
twenty-six	26	**veintiséis**

twenty-seven	27	**veintisiete**
twenty-eight	28	**veintiocho**
twenty-nine	29	**veintinueve**
thirty	30	**treinta**
thirty-one	31	**treinta y uno**
thirty-two	32	**treinta y dos**
forty	40	**cuarenta**
fifty	50	**cincuenta**
sixty	60	**sesenta**
seventy	70	**setenta**
seventy-one	71	**setenta y uno**
eighty	80	**ochenta**
ninety	90	**noventa**
ninety-one	91	**noventa y uno**

Números cardinales/Cardinal numbers		
one hundred	100	**cien**
one hundred and one	101	**ciento uno**
five hundred	500	**quinientos**
seven hundred	700	**setecientos**
nine hundred	900	**novecientos**
one thousand	1 000	**mil**
one thousand and twenty	1 020	**mil veinte**
one thousand six hundred and six	1 606	**mil seiscientos seis**
two thousand	2 000	**dos mil**
one million	1 000 000	**un millón**
one billion	1 000 000 000	**mil millones**

Números ordinales/Ordinal numbers

first	1ˢᵗ	1°	**primer(o)**
second	2ⁿᵈ	2°	**segundo**
third	3ʳᵈ	3°	**tercer(o)**
fourth	4ᵗʰ	4°	**cuarto**
fifth	5ᵗʰ	5°	**quinto**
sixth	6ᵗʰ	6°	**sexto**
seventh	7ᵗʰ	7°	**séptimo**
eighth	8ᵗʰ	8°	**octavo**
ninth	9ᵗʰ	9°	**noveno**
tenth	10ᵗʰ	10°	**décimo**
eleventh	11ᵗʰ	11°	**undécimo**
twelfth	12ᵗʰ	12°	**duodécimo**
thirteenth	13ᵗʰ	13°	**decimotercer(o)**
fourteenth	14ᵗʰ	14°	**decimocuarto**
fifteenth	15ᵗʰ	15°	**decimoquinto**
sixteenth	16ᵗʰ	16°	**decimosexto**
seventeenth	17ᵗʰ	17°	**decimoséptimo**
eighteenth	18ᵗʰ	18°	**decimoctavo**
ninteenth	19ᵗʰ	19°	**decimonoveno**
twentieth	20ᵗʰ	20°	**vigésimo**
twenty-first	21ˢᵗ	21°	**vigésimo primer(o)**
twenty-second	22ⁿᵈ	22°	**vigésimo segundo**
twenty-third	23ʳᵈ	23°	**vigésimo tercer(o)**
thirtieth	30ᵗʰ	30°	**trigésimo**
hundredth	100ᵗʰ	100°	**centésimo**
hundred and first	101ˢᵗ	101°	**centésimo primer(o)**
thousandth	1 000ᵗʰ	1000°	**milésimo**

Activities

Actividades

Complete the words

Put the missing part of the word in the right place

_ _ ña   ven_ _ _ _   to   tana

_ _ lón   ga _ _   sa   ni

Join the word to the right picture

muñeca

despertador

puerta

bañera

What am I?

Use the three clues to find the right answer

cuarto de baño / blanco / rectángulo

_ _ _ _ _ _

Find the opposite of:

techo   **a. salón b. suelo c. padre**

_ _ _ _ _ _

What am I?

Use the three clues to find the right answer

rectángulo / cuatro patas / sábana

_ _ _ _ _ _

Complete the sentence

Put the words in the right place

¿De quién es _ _ _ _   _ _ _ _ _ _ _ ?   lista?

¿De _ _ _   _ _ _ _ _ es mi chaqueta?   qué color

¿Estás _ _ _ _ _ _   esta bufanda

Find the opposite of:

sí   **a. es   b. ni   c. no**

_ _ _ _ _ _

Unscramble

Put the letters in the right order

danfuba _ _ _ _ _ _ _ _   sitevod _ _ _ _ _ _ _   korana _ _ _ _ _ _

What am I?

Use the three clues to find the right answer

frío / puerta / comida

_ _ _ _ _ _

The right order

Put the words in the right order

demasiado, leche, caliente, está, la

_ _ _ _ _ _

Complete the sentence

Put the words in the right place

Vete a buscar _ _ _ _ _ fría a la nevera   algo

¿Me pasas _ _
_ _ _ _ _ _, por favor?   leche

¿Hay _ _ _ _ de comida
para mí?   el azúcar

Find the opposite of:

frío

a. claro
b. plato
c. caliente

_ _ _ _ _ _

Actividades

Find the opposite of:

bajo   a. arriba   b. ahora   c. mucho

– – – – – –

True or False

Tick the true or false box

	T	F
Es hora de ir a casa.		
Mi mochila pesa mucho.		
Voy a poder descansar.		

What am I?

Use the three clues to find the right answer

círculo / negro / coche

– – – – – –

Join the word to the right picture

neumático

manguera

volante

mamá

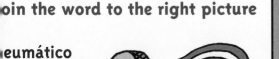

Activities

101

What am I?

Use the two clues to find the right answer

figura / centro

_ _ _ _ _ _

Find the opposite of:

cerrar

a. esperar
b. abrir
c. aprender

_ _ _ _ _ _

Complete the sentence

Put the words in the right place

_ _ _ _ _ _ _ _ , por favor.   Escuchadme

¡Silencio! _ _ _ _ _ _ _ _ _ _ _ .   Escribid

_ _ _ _ _ _ _ _ la fecha de hoy.   Sentaos

Join the word to the right picture

tiza

círculo

libro

calculadora

Actividades

*Use the two clues to
find the right answer*

número / después del siete

– – – – – –

Complete the sentence

Put the words in the right place

¡Vamos a _ _ _ _ _ _ _ _ matemáticas!   volar

Yo también puedo _ _ _ _ _.   De mayor

_ _ _ _ _ _ _, quiero ser astronauta.   estudiar

Find the
opposite of:

suma

a. multiplicación
b. resta
c. división

– – – – – –

Complete the words

*Put the missing part of
the word in the right place*

_ _ _ _ sión   cua_ _ _

_ _ ma   co _ _ _ _

tro
hete
divi
su

A
c
t
i
v
i
t
i
e
s

Join each phrase to

¡Date la vuelta!

¡Levanta el pie!

¡Levántate!

¡Llora!

¡Mira los dibujos en el libro!

¡Abre los ojos!

¡Coge el libro!

the right photo

¡Salta!

¡Siéntate!

¡Camina
hacia atrás!

¡Cierra
los ojos!

¡Camina hacia
delante!

¡Ríete!

¡Tócate
la nariz!

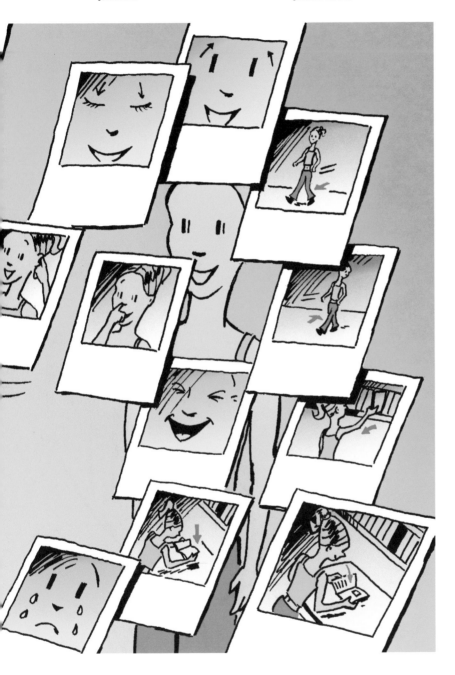

¡Pon el libro sobre la mesa!

¡Tírate de la oreja!

Activities

Complete the sentence

Put the words in the right place

¡Abre _ _ _ _ _ _ _ !   el libro

¡_ _ _ _ la vuelta!   los ojos

¡Coge _ _ _ _ _ _ _ !   Date

Find the opposite of:

Ríete   a. sonríe   b. llora   c. salta

_ _ _ _ _ _

The right order

Put the words in the right order

dibujos, libro, Mira, los, el, en, ¡, !

_ _ _ _ _ _

Find the object

Use the three clues to find the right answer

dos ruedas / manillar / cadena

_ _ _ _ _ _

Find the opposite of:
gorda

a. baja   b. nuevo   c. delgada

_ _ _ _ _ _

Join the word to the right picture

cadena
casco
frenos
bicicleta

Complete the sentence

Put the words in the right place

Buenos Aires / hermanos / dirección

Voy a apuntar tu _ _ _ _ _ _ _ _ _.

Soy de _ _ _ _ _ _   _ _ _ _ _.

¿Tienes _ _ _ _ _ _ _ _ o hermanas?

LAS PROFESIONES p. 24/25

Find the synonym of:

doctor

a. cirujano
b. periodista
c. cámara

– – – – – –

The right order

Put the words in the right order

fuera, águila, un, si

– – – – – –

What am I?

Use the three clues to find the right answer

clavos / sierra / destornillador

– – – – – –

True or False

Tick the true or false box

Me gustaría ser profesor o astronauta.

Los carpinteros construyen aviones.

Los carpinteros trabajan con madera.

Build three sentences

hoy
ayer
mañana

es sábado
es viernes
fue jueves

What am I?

Use the four clues to find the right answer

día / semana / mes / año

- - - - - - -

Find the opposite of:

mediodía

a. martes
b. jueves
c. medianoche

- - - - - - -

Activities

Join the time to the right picture

las seis y cuarto

las doce y media

mediodía

las seis menos cuarto

T   F

109

Actividades

The right order

Put the words in the right order

camiseta, rubia, roja, niña, la, la, es, con

_ _ _ _ _ _

Find the opposite of:

hermana

a. hombre b. mujer
c. hermano

_ _ _ _ _ _

What am I?

Use the three clues to find the right answer

cola, piloto, ala

_ _ _ _ _ _

Unscramble

Put the letters in the right order

daronag _ _ _ _ _ _ _

darujog _ _ _ _ _ _ _

trepode _ _ _ _ _ _ _

cstnlbaoeo _ _ _ _ _ _ _ _ _ _

What am I?
Use the four clues to find the right answer

frente / nariz / ojos / boca

_ _ _ _ _ _

mplete the sentence

Put the words in the right place

Qué _ _ _ _ , ¿no?   nunca

Los búhos _ _ _ _ _   raro
se ponen enfermos.

¿Cómo te _ _ _ _ _ _ _ ?   sientes

find the opposite of:

bien   a. enfermo b. cuello
              c. lengua

_ _ _ _ _ _

**Join the word to
the right picture**

lengua

uña

mano

pierna

Join each sentence to

El gato está contento.

El gato está en la caja.

El gato
es divertido.

La caja está
llena.

El gato está
debajo
de la caja.

El gato
está
triste.

El gato está
delante
de la caja.

El gato está
encima
de las cajas.

A c t i v i d a d e s

La caja
está vacía.

El gato está lejos
de las cajas.

the right picture

El gato está fuera de la caja.

El gato salta sobre la caja.

El gato está enfadado.

El gato tiene miedo.

El gato está detrás de la caja.

Una caja grande.

El gato está entre dos cajas.

El gato está sobre la caja.

El gato está dentro de la caja.

El gato está en el fondo de la caja.

Activities

113

Find the opposite of:

vacía

a. grande b. pequeña
c. llena

_ _ _ _ _ _

What am I?

Use the three clues to
find the right answer

divertido /
animal doméstico

_ _ _ _ _ _

The right order

Put the words in
the right order

escondite, nosotros,
jugando, con, al, está

_ _ _ _ _ _

Complete the words

_ _trás	con
le _ _ _	de
_ _ _tento	jos
gati _ _ _	tos

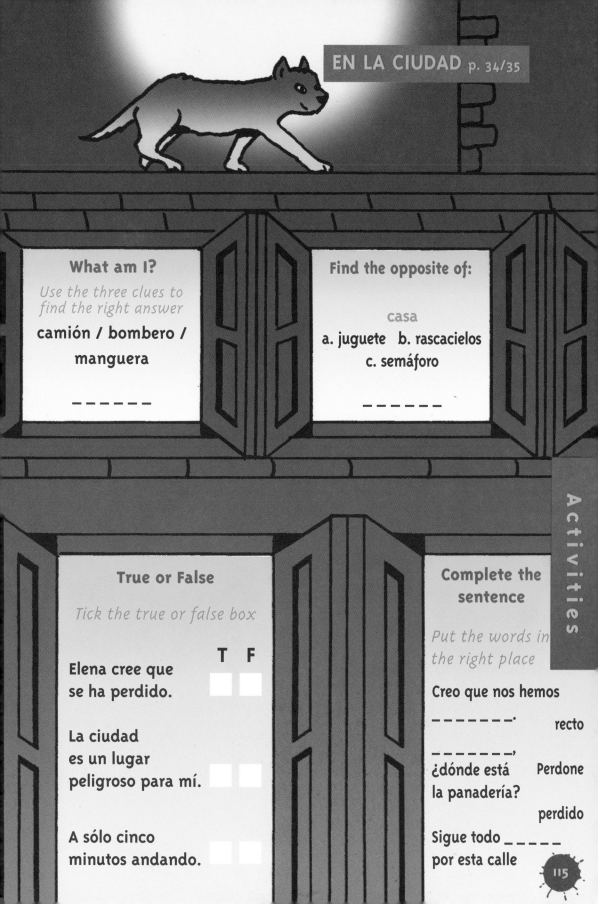

What am I?

Use the three clues to find the right answer

camión / bombero / manguera

_ _ _ _ _ _

Find the opposite of:

casa

a. juguete   b. rascacielos
c. semáforo

_ _ _ _ _ _

Activities

True or False

Tick the true or false box

	T	F
Elena cree que se ha perdido.	☐	☐
La ciudad es un lugar peligroso para mí.	☐	☐
A sólo cinco minutos andando.	☐	☐

Complete the sentence

Put the words in the right place

Creo que nos hemos

_ _ _ _ _ _ _.   recto

_ _ _ _ _ _ _,
¿dónde está   Perdone
la panadería?

                              perdido

Sigue todo _ _ _ _ _
por esta calle

115

Actividades

Join the word to right picture

plátano

melón

fresa

tomate

What am I? Use the three clues to find the right answer

círculo / rojo / verdura _ _ _ _ _ _

Complete the sentence
Put the words in the right place

Aquí hay mucha más _ _ _ _ _ _ _ que en el bosque.

Tome, le doy _ _ _ _ _ _ _ _ _ de veinte.

Aquí tienes _ _ _ _ _ _ _ _ _ _ _ _ : un euro cincuenta.

la vuelta / comida / un billete

116

True or False

Tick the true or false box

¿Es la sopa para el camarero?

¡Qué bien huele!

¡Tengo mucha hambre!

T F

Join the word to the right picture

tarta

taza

pez

hamburguesa

Activities

What am I?

Use the three clues to find the right answer

círculo / carne / pan

- - - - - -

117

True or False

*Tick the true
or false box*

	T	F
Miguel toca el violín.	☐	☐
La música está demasiado alta.	☐	☐
No os oigo.	☐	☐

Find the opposite of:

difícil

a. divertido b. fácil
c. guay

_ _ _ _ _ _

Join the word to the right picture

piano
micrófono
palillos
patines

What am I?

Use the three clues to find the right answer
**instrumento /
cuerdas /
madera**

_ _ _ _ _ _

Actividades

118

What am I?

Use the three clues to find the right answer

animal / cola / jaula

_ _ _ _ _ _

Find the synonym of:
encantar

a. acercarse b. querer c. gustar

_ _ _ _ _ _ _

Complete the words

Put the missing part of the word in the right place

_ _ _ la   jira
tra _ _ _ _ _   gre
ti _ _ _   pecio
_ _ _ _ fa   jau

True or False
Tick the true or false box

	T	F
El gorila es un animal doméstico.	☐	☐
¡Qué alto está el trapecio!	☐	☐
Sobre todo para ver los animales.	☐	☐

Activities

Complete the words

_ _ _ _ _ pago

oto _ _

_ _ _ via

_ _ trellas

es

llu

ño

relám

True or False

Tick the true or false box

	T	F
No hace viento.		
Es mejor que volvamos a casa.		
¡Cómo llueve!		

What am I?

Use the three clues to find the right answer

blanco / tres bolas de nieve / sombrero

_ _ _ _ _ _ _

Unscramble

Put the letters in the right order

ttrmnaeo

virramape

coeli

gifuero

_ _ _ _ _ _ _ _

_ _ _ _ _ _ _ _

_ _ _ _ _

_ _ _ _ _ _

Actividades

What am I?

Use the three clues to find the right answer

nido / huevos / pluma

_ _ _ _ _ _

Complete the sentence

Put the words in the right place

¡Qué _ _ _ _ _ tan bonito!   Bienvenidos

_ _ _ _ _ _ _ _ _ _ a mi mundo.   redonda

La tierra es _ _ _ _ _ _ _.   sitio

Join the word to the right picture

flor

araña

pluma

tienda

Find the opposite of:

hombre   a. **colina** b. **pluma** c. **mujer**

_ _ _ _ _

What am I?

Use the three clues to find the right answer

caliente / vacaciones / estaciones

_ _ _ _ _ _ _

Unscramble

Put the letters in the right order

nmrbsouia   _ _ _ _ _ _ _ _ _

luppo   _ _ _ _ _

gurtato   _ _ _ _ _ _ _

eblanal   _ _ _ _ _ _ _

Join the word to the right picture

canoa

castillo de arena

prismáticos

estrella de mar

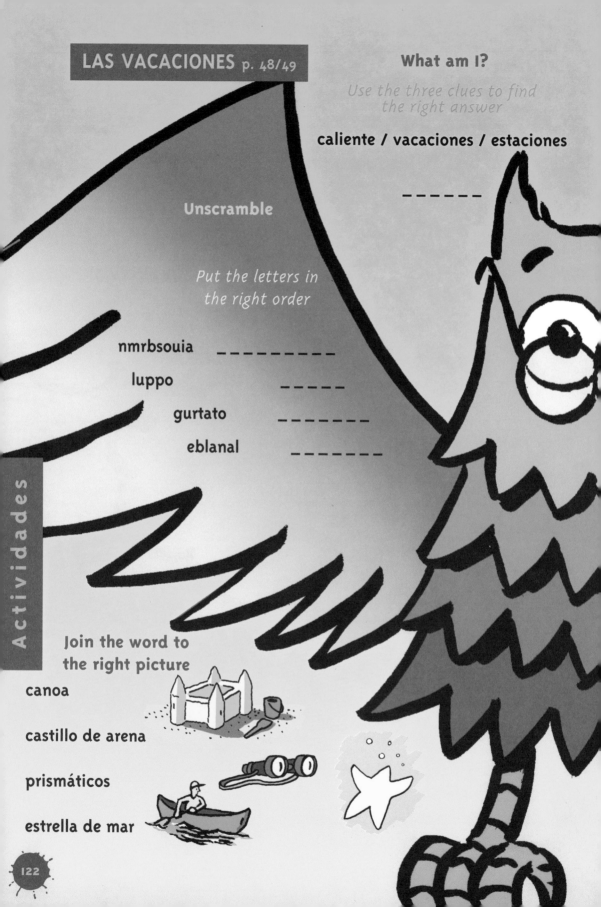

What am I?

Use the three clues to find the right answer

regalos / tarta / invitación

_ _ _ _ _ _ _

Complete the words

Put the missing part of the word in the right place

_ _ _ pleaños	invita
re _ _ _ _ _ _	ta
fies _ _	cum
_ _ _ _ _ _ ción	galos

The right order

Put the words in the right order

tarta, visto, Has, chocolate, de, la, ¿, ?

_ _ _ _ _ _ _

True or False

Tick the true or false box

T   F

Es una tarta de fresa.

Es el cumpleaños de Miguel.

Miguel tiene un tercio de la edad de papá.

123

PICK THE RIGHT WORDS

Join the words to the

frente
fútbol
melocotón
pepinos

ciento uno
círculo
lápiz

ojos
tomate
cuadrado

rectángulo
cohete
voleibol

dos mil cuatro
uvas
patatas

rodilla
cuaderno
nariz

diccionario
tobillo
diecinueve

naranja
satélite

right speech bubble

FIGURAS

FRUTA

LA CARA

LA PIERNA

DEPORTE

CLASE

NÚMEROS

ESPACIO

VERDURA

BUENOS DÍAS p. 98

Complete the words
niña, ventana, salón, gato
Join the word to the
right picture
puerta
bañera
muñeca
despertador

What am I?
toalla
Find the opposite
b. suelo

ES HORA DE VESTIRSE p. 99

What am I?
cama
Complete the sentence
¿De quién es esta bufanda?
¿De qué color es mi chaqueta?
¿Estás lista?
Find the opposite
c. no
Unscramble
bufanda, vestido,
anorak

EL DESAYUNO p. 100

What am I?
nevera
The right order
La leche está demasiado
caliente.
Complete the sentence
Vete a buscar leche fría a
la nevera.
¿Me pasas el azúcar, por
favor?
¿Hay algo de comida para
mí?
Find the opposite
c. caliente

VAMOS A LA ESCUELA p. 10

Find the opposite
a. arriba
True or False
F, T, T
What am I?
neumático
Join the word to the
right picture

volante

mamá

manguera

neumático

¡SONRÍE! p. 106

Complete the sentence
¡Abre los ojos!
¡Date la vuelta!
¡Coge el libro!
Find the opposite
b. llora
The right order
¡Mira los dibujos en
el libro!

EL CHICO NUEVO p. 107

Find the object
bicicleta
Find the opposite
c. delgada
Join the word to the
right picture

cadena

casco

frenos

bicicleta
Complete
the sentence
Voy a apuntar tu
dirección.
Soy de Buenos Aires.
¿Tienes hermanos o
hermanas?

EN CLASE p. 102

What am I?
círculo
Find the opposite
b. abrir
Complete the sentence
Sentaos, por favor.
¡Silencio! Escuchadme.
Escribid la fecha de hoy.
Join the word to the right
picture

tiza

círculo

libro

calculadora

¿QUÉ HORA ES? p. 109

Build three sentences
hoy es viernes.
ayer fue jueves.
mañana es sábado.
Find the opposite
c. medianoche
What am I?
calendario
Join the word to the
right picture

las seis y cuarto

las doce y media

mediodía

las seis menos cuarto

¡VAMOS A ESTUDIAR MATEMÁTICAS! p. 103

What am I?
número 8
Complete the sentence
¡Vamos a estudiar matemáti-
cas!
Yo también puedo volar.
De mayor, quiero ser astro-
nauta.
Find the opposite
b. resta
Complete the words
división, cuatro, suma,
cohete

EL GRAN PARTIDO p. 110

What am I?
avión
Find the opposite
c. hermano
The right order
es la niña rubia con la
camiseta roja.
Unscramble
ganador, jugador,
deporte, baloncesto

LAS PROFESIONES p. 108

Find the synonym
cirujano
The right order
si fuera un águila.
What am I?
carpintero
True or False
T, F, T

EN EL HOSPITAL p. 111

What am I?
cabeza
Find the opposite
a. enfermo
Complete the sentence
Qué <u>raro</u>, ¿no?
Los búhos <u>nunca</u> se
ponen enfermos.
¿Cómo te <u>sientes</u>?
Join the word to the
right picture

mano

lengua

pierna

uña

EL ESCONDITE p. 114

Find the opposite
c. llena
What am I?
gato
The right order
Está jugando al
escondite con
nosotros.
Complete the words
de<u>trás</u>
le<u>jos</u>
<u>c</u>ontento
ga<u>titos</u>

EN LA CIUDAD p. 115

What am I?
camión de bomberos
Find the opposite
b. rascacielos
True or False
F, T, T
Complete the sentence
Creo que nos hemos
<u>perdido</u>.
<u>Perdone</u>, ¿dónde está
la panadería?
Sigue todo <u>recto</u> por
esta calle.

EN EL SUPERMERCADO p. 116

Join the word to the right
picture

plátano

melón

fresa

tomate

What am I?
tomate
Complete the sentence
Aquí hay mucha más <u>comi-</u>
<u>da</u> que en el bosque.
Tome, le doy <u>un billete</u> de
veinte.
Aquí tienes <u>la vuelta</u>: un
euro cincuenta.

EL TIEMPO LIBRE p. 118

True or False
F, T, T
Find the opposite
b. fácil
Join the word to the right
picture

piano

micrófono

palillos

patines

Que suis-je ?

violín

EN EL RESTAURANTE p. 117

True or False
F, T, T
Join the word to the right
picture

taza

tarta

pez

hamburguesa
What am I?
hamburguesa

EN EL CIRCO p. 119

What am I?
león o tigre
Find the synonym
c. gustar
True or False
F, T, T
Complete the words
<u>j</u>aula
tra<u>pecio</u>
ti<u>gre</u>
<u>j</u>irafa

LA TORMENTA p. 120

True or False
F, T, T
Unscramble
tormenta
primavera
cielo
refugio
What am I?
muñeco de nieve
Complete the words
<u>relámpago</u>, oto<u>ñ</u>o,
<u>ll</u>uvia, <u>e</u>strellas

LA NATURALEZA p. 121

What am I?
pájaro
Complete the sentence
¡Qué <u>sitio</u> tan bonito!
<u>Bienvenidos</u> a mi mundo.
La tierra es <u>redonda</u>.
Join the word to the right
picture

flor

araña

pluma

tienda
Find the opposite
c. mujer

LAS VACACIONES p. 122

Unscramble
submarino, pulpo
tortuga, ballena
What am I?
verano
Join the word to the right
picture
canoa

castillo
de arena

prismáticos

estrella
de mar

LA FIESTA p. 123

What am I?
cumpleaños
Complete the words
<u>cumpleaños</u>, re<u>galos</u>,
<u>fiesta</u>, <u>invitación</u>
The right order
¿Has visto la tarta de
chocolate?
True or False
F, T, F

A n s w e r s

127

rectángulo

círculo FIGURAS

cuadrado

voleibol

DEPORTE

fútbol

melocotón

FRUTA

naranja   uvas

tobillo

LA PIERNA

rodilla

ojos   nariz

LA CARA

frente

cuaderno

CLASE   lápiz

diccionario

ciento uno   diecinueve

NÚMEROS

dos mil cuatro

satélite

ESPACIO

cohete

tomate   patatas

VERDURA

pepinos